This planner belongs to
NAME:
PHONE:
EMAIL:

August
2020

NOTE TO SELF

SUNDAY	MONDAY	TUESDAY
2	3	4
9	10	11
16	17	18
23	24	25
30	31	

WEDNESDAY	THURSDAY	FRIDAY	SATURDAY
			1
5	6	7	8
12	13	14	15
19	20	21	22
26	27	28	29

August 2020

AUGUST 2020

S	M	T	W	T	F	S
						1
2	3	4	5	6	7	8
9	10	11	12	13	14	15
16	17	18	19	20	21	22
23	24	25	26	27	28	29
30	31					

SEPTEMBER 2020

S	M	T	W	T	F	S
		1	2	3	4	5
6	7	8	9	10	11	12
13	14	15	16	17	18	19
20	21	22	23	24	25	26
27	28	29	30			

NOTE TO SELF

CLASS SUBJECTS	27 MONDAY	28 TUESDAY

29 WEDNESDAY	30 THURSDAY	31 FRIDAY	1 SATURDAY
			2 SUNDAY
			DOODLES

August
2020

AUGUST 2020

S	M	T	W	T	F	S
						1
2	3	4	5	6	7	8
9	10	11	12	13	14	15
16	17	18	19	20	21	22
23	24	25	26	27	28	29
30	31					

SEPTEMBER 2020

S	M	T	W	T	F	S
		1	2	3	4	5
6	7	8	9	10	11	12
13	14	15	16	17	18	19
20	21	22	23	24	25	26
27	28	29	30			

NOTE TO SELF

CLASS SUBJECTS	3 MONDAY	4 TUESDAY

5 WEDNESDAY	6 THURSDAY	7 FRIDAY	8 SATURDAY

9 SUNDAY

DOODLES

August 2020

CLASS SUBJECTS	10 MONDAY	11 TUESDAY

AUGUST 2020

S	M	T	W	T	F	S
						1
2	3	4	5	6	7	8
9	10	11	12	13	14	15
16	17	18	19	20	21	22
23	24	25	26	27	28	29
30	31					

SEPTEMBER 2020

S	M	T	W	T	F	S
		1	2	3	4	5
6	7	8	9	10	11	12
13	14	15	16	17	18	19
20	21	22	23	24	25	26
27	28	29	30			

NOTE TO SELF

12 WEDNESDAY	13 THURSDAY	14 FRIDAY	15 SATURDAY

16 SUNDAY

DOODLES

August 2020

CLASS SUBJECTS	17 MONDAY	18 TUESDAY

AUGUST 2020

S	M	T	W	T	F	S
						1
2	3	4	5	6	7	8
9	10	11	12	13	14	15
16	17	18	19	20	21	22
23	24	25	26	27	28	29
30	31					

SEPTEMBER 2020

S	M	T	W	T	F	S
		1	2	3	4	5
6	7	8	9	10	11	12
13	14	15	16	17	18	19
20	21	22	23	24	25	26
27	28	29	30			

NOTE TO SELF

19 WEDNESDAY	20 THURSDAY	21 FRIDAY	22 SATURDAY

23 SUNDAY

DOODLES

August
2020

AUGUST 2020

S	M	T	W	T	F	S
						1
2	3	4	5	6	7	8
9	10	11	12	13	14	15
16	17	18	19	20	21	22
23	24	25	26	27	28	29
30	31					

SEPTEMBER 2020

S	M	T	W	T	F	S
		1	2	3	4	5
6	7	8	9	10	11	12
13	14	15	16	17	18	19
20	21	22	23	24	25	26
27	28	29	30			

NOTE TO SELF

CLASS SUBJECTS	24 MONDAY	25 TUESDAY

26 WEDNESDAY	27 THURSDAY	28 FRIDAY	29 SATURDAY
			30 SUNDAY
			DOODLES

September 2020

NOTE TO SELF

SUNDAY	MONDAY	TUESDAY
		1
6	7 Labor Day	8
13	14	15
20	21	22 First Day of Autumn
27	28	29

WEDNESDAY	THURSDAY	FRIDAY	SATURDAY
2	3	4	5
9	10	11 Patriot Day	12
16	17	18	19
23	24	25	26
30			

September 2020

CLASS SUBJECTS	31 MONDAY	1 TUESDAY

SEPTEMBER 2020

S	M	T	W	T	F	S
		1	2	3	4	5
6	7	8	9	10	11	12
13	14	15	16	17	18	19
20	21	22	23	24	25	26
27	28	29	30			

OCTOBER 2020

S	M	T	W	T	F	S
				1	2	3
4	5	6	7	8	9	10
11	12	13	14	15	16	17
18	19	20	21	22	23	24
25	26	27	28	29	30	31

NOTE TO SELF

2 WEDNESDAY	3 THURSDAY	4 FRIDAY	5 SATURDAY
			6 SUNDAY
			DOODLES

September 2020

CLASS SUBJECTS	7 MONDAY	8 TUESDAY

SEPTEMBER 2020

S	M	T	W	T	F	S
		1	2	3	4	5
6	7	8	9	10	11	12
13	14	15	16	17	18	19
20	21	22	23	24	25	26
27	28	29	30			

OCTOBER 2020

S	M	T	W	T	F	S
				1	2	3
4	5	6	7	8	9	10
11	12	13	14	15	16	17
18	19	20	21	22	23	24
25	26	27	28	29	30	31

NOTE TO SELF

9 WEDNESDAY	10 THURSDAY	11 FRIDAY	12 SATURDAY
			13 SUNDAY
			DOODLES

September 2020

SEPTEMBER 2020

S	M	T	W	T	F	S
		1	2	3	4	5
6	7	8	9	10	11	12
13	14	15	16	17	18	19
20	21	22	23	24	25	26
27	28	29	30			

OCTOBER 2020

S	M	T	W	T	F	S
				1	2	3
4	5	6	7	8	9	10
11	12	13	14	15	16	17
18	19	20	21	22	23	24
25	26	27	28	29	30	31

NOTE TO SELF

CLASS SUBJECTS	14 MONDAY	15 TUESDAY

16 WEDNESDAY	17 THURSDAY	18 FRIDAY	19 SATURDAY

20 SUNDAY

DOODLES

September 2020

CLASS SUBJECTS	21 MONDAY	22 TUESDAY

SEPTEMBER 2020

S	M	T	W	T	F	S
		1	2	3	4	5
6	7	8	9	10	11	12
13	14	15	16	17	18	19
20	21	22	23	24	25	26
27	28	29	30			

OCTOBER 2020

S	M	T	W	T	F	S
				1	2	3
4	5	6	7	8	9	10
11	12	13	14	15	16	17
18	19	20	21	22	23	24
25	26	27	28	29	30	31

NOTE TO SELF

23 WEDNESDAY	24 THURSDAY	25 FRIDAY	26 SATURDAY

27 SUNDAY

DOODLES

October
2020

NOTE TO SELF

SUNDAY	MONDAY	TUESDAY
4	5	6
11	12 Columbus Day	13
18	19	20
25	26	27

WEDNESDAY	THURSDAY	FRIDAY	SATURDAY
	1	2	3
7	8	9	10
14	15	16	17
21	22	23	24
28	29	30	31 Halloween

October 2020

OCTOBER 2020

S	M	T	W	T	F	S
				1	2	3
4	5	6	7	8	9	10
11	12	13	14	15	16	17
18	19	20	21	22	23	24
25	26	27	28	29	30	31

NOVEMBER 2020

S	M	T	W	T	F	S
1	2	3	4	5	6	7
8	9	10	11	12	13	14
15	16	17	18	19	20	21
22	23	24	25	26	27	28
29	30					

NOTE TO SELF

CLASS SUBJECTS	28 MONDAY	29 TUESDAY

30 WEDNESDAY	1 THURSDAY	2 FRIDAY	3 SATURDAY
			4 SUNDAY
			DOODLES

October 2020

CLASS SUBJECTS	5 MONDAY	6 TUESDAY

OCTOBER 2020

S	M	T	W	T	F	S
				1	2	3
4	5	6	7	8	9	10
11	12	13	14	15	16	17
18	19	20	21	22	23	24
25	26	27	28	29	30	31

NOVEMBER 2020

S	M	T	W	T	F	S
1	2	3	4	5	6	7
8	9	10	11	12	13	14
15	16	17	18	19	20	21
22	23	24	25	26	27	28
29	30					

NOTE TO SELF

7 WEDNESDAY

8 THURSDAY

9 FRIDAY

10 SATURDAY

11 SUNDAY

DOODLES

October 2020

OCTOBER 2020						
S	M	T	W	T	F	S
				1	2	3
4	5	6	7	8	9	10
11	12	13	14	15	16	17
18	19	20	21	22	23	24
25	26	27	28	29	30	31

NOVEMBER 2020						
S	M	T	W	T	F	S
1	2	3	4	5	6	7
8	9	10	11	12	13	14
15	16	17	18	19	20	21
22	23	24	25	26	27	28
29	30					

NOTE TO SELF

CLASS SUBJECTS	12 MONDAY	13 TUESDAY

14 WEDNESDAY	15 THURSDAY	16 FRIDAY	17 SATURDAY

18 SUNDAY

DOODLES

October 2020

OCTOBER 2020						
S	M	T	W	T	F	S
				1	2	3
4	5	6	7	8	9	10
11	12	13	14	15	16	17
18	19	20	21	22	23	24
25	26	27	28	29	30	31

NOVEMBER 2020						
S	M	T	W	T	F	S
1	2	3	4	5	6	7
8	9	10	11	12	13	14
15	16	17	18	19	20	21
22	23	24	25	26	27	28
29	30					

NOTE TO SELF

CLASS SUBJECTS	19 MONDAY	20 TUESDAY

21 WEDNESDAY	22 THURSDAY	23 FRIDAY	24 SATURDAY

25 SUNDAY

DOODLES

October
2020

OCTOBER 2020

S	M	T	W	T	F	S
				1	2	3
4	5	6	7	8	9	10
11	12	13	14	15	16	17
18	19	20	21	22	23	24
25	26	27	28	29	30	31

NOVEMBER 2020

S	M	T	W	T	F	S
1	2	3	4	5	6	7
8	9	10	11	12	13	14
15	16	17	18	19	20	21
22	23	24	25	26	27	28
29	30					

NOTE TO SELF

CLASS SUBJECTS	26 MONDAY	27 TUESDAY

28 WEDNESDAY	29 THURSDAY	30 FRIDAY	31 SATURDAY

1 SUNDAY

DOODLES

November
2020

NOTE TO SELF

SUNDAY	MONDAY	TUESDAY
1 Daylight Savings Time Ends	2	3 Election Day
8	9	10
15	16	17
22	23	24
29	30	

WEDNESDAY	THURSDAY	FRIDAY	SATURDAY
4	5	6	7
11 Veteran's Day	12	13	14
18	19	20	21
25	26 Thanksgiving Day	27	28

November 2020

NOVEMBER 2020

S	M	T	W	T	F	S
1	2	3	4	5	6	7
8	9	10	11	12	13	14
15	16	17	18	19	20	21
22	23	24	25	26	27	28
29	30					

DECEMBER 2020

S	M	T	W	T	F	S
		1	2	3	4	5
6	7	8	9	10	11	12
13	14	15	16	17	18	19
20	21	22	23	24	25	26
27	28	29	30	31		

NOTE TO SELF

CLASS SUBJECTS	2 MONDAY	3 TUESDAY

4 WEDNESDAY	5 THURSDAY	6 FRIDAY	7 SATURDAY
			8 SUNDAY
			DOODLES

November 2020

NOVEMBER 2020

S	M	T	W	T	F	S
1	2	3	4	5	6	7
8	9	10	11	12	13	14
15	16	17	18	19	20	21
22	23	24	25	26	27	28
29	30					

DECEMBER 2020

S	M	T	W	T	F	S
		1	2	3	4	5
6	7	8	9	10	11	12
13	14	15	16	17	18	19
20	21	22	23	24	25	26
27	28	29	30	31		

NOTE TO SELF

CLASS SUBJECTS	9 MONDAY	10 TUESDAY

11 WEDNESDAY

12 THURSDAY

13 FRIDAY

14 SATURDAY

15 SUNDAY

DOODLES

November 2020

NOVEMBER 2020

S	M	T	W	T	F	S
1	2	3	4	5	6	7
8	9	10	11	12	13	14
15	16	17	18	19	20	21
22	23	24	25	26	27	28
29	30					

DECEMBER 2020

S	M	T	W	T	F	S
		1	2	3	4	5
6	7	8	9	10	11	12
13	14	15	16	17	18	19
20	21	22	23	24	25	26
27	28	29	30	31		

NOTE TO SELF

CLASS SUBJECTS	16 MONDAY	17 TUESDAY

18 WEDNESDAY	19 THURSDAY	20 FRIDAY	21 SATURDAY
			22 SUNDAY
			DOODLES

November 2020

NOVEMBER 2020

S	M	T	W	T	F	S
1	2	3	4	5	6	7
8	9	10	11	12	13	14
15	16	17	18	19	20	21
22	23	24	25	26	27	28
29	30					

DECEMBER 2020

S	M	T	W	T	F	S
		1	2	3	4	5
6	7	8	9	10	11	12
13	14	15	16	17	18	19
20	21	22	23	24	25	26
27	28	29	30	31		

NOTE TO SELF

CLASS SUBJECTS	22 MONDAY	24 TUESDAY

25 WEDNESDAY	26 THURSDAY	27 FRIDAY	28 SATURDAY

29 SUNDAY

DOODLES

December
2020

NOTE TO SELF

SUNDAY	MONDAY	TUESDAY
		1
6	7 Pearl Harbor Remembrance Day	8
13	14	15
20	21 First Day of Winter	22
27	28	29

WEDNESDAY	THURSDAY	FRIDAY	SATURDAY
2	3	4	5
9	10	11	12
16	17	18	19
23	24 Christmas Eve	25 Christmas	26
30	31 New Year's Eve		

December 2020

DECEMBER 2020

S	M	T	W	T	F	S
		1	2	3	4	5
6	7	8	9	10	11	12
13	14	15	16	17	18	19
20	21	22	23	24	25	26
27	28	29	30	31		

JANUARY 2021

S	M	T	W	T	F	S
					1	2
3	4	5	6	7	8	9
10	11	12	13	14	15	16
17	18	19	20	21	22	23
24	25	26	27	28	29	30
31						

NOTE TO SELF

CLASS SUBJECTS	30 MONDAY	1 TUESDAY

2 WEDNESDAY	3 THURSDAY	4 FRIDAY	5 SATURDAY
			6 SUNDAY
			DOODLES

December 2020

DECEMBER 2020

S	M	T	W	T	F	S
		1	2	3	4	5
6	7	8	9	10	11	12
13	14	15	16	17	18	19
20	21	22	23	24	25	26
27	28	29	30	31		

JANUARY 2021

S	M	T	W	T	F	S
					1	2
3	4	5	6	7	8	9
10	11	12	13	14	15	16
17	18	19	20	21	22	23
24	25	26	27	28	29	30
31						

NOTE TO SELF

CLASS SUBJECTS	7 MONDAY	8 TUESDAY

9 WEDNESDAY	10 THURSDAY	11 FRIDAY	12 SATURDAY
			13 SUNDAY
			DOODLES

December 2020

DECEMBER 2020

S	M	T	W	T	F	S
		1	2	3	4	5
6	7	8	9	10	11	12
13	14	15	16	17	18	19
20	21	22	23	24	25	26
27	28	29	30	31		

JANUARY 2021

S	M	T	W	T	F	S
					1	2
3	4	5	6	7	8	9
10	11	12	13	14	15	16
17	18	19	20	21	22	23
24	25	26	27	28	29	30
31						

NOTE TO SELF

CLASS SUBJECTS	14 MONDAY	15 TUESDAY

16 WEDNESDAY	17 THURSDAY	18 FRIDAY	19 SATURDAY

20 SUNDAY

DOODLES

December 2020

CLASS SUBJECTS	21 MONDAY	22 TUESDAY

DECEMBER 2020

S	M	T	W	T	F	S
		1	2	3	4	5
6	7	8	9	10	11	12
13	14	15	16	17	18	19
20	21	22	23	24	25	26
27	28	29	30	31		

JANUARY 2021

S	M	T	W	T	F	S
					1	2
3	4	5	6	7	8	9
10	11	12	13	14	15	16
17	18	19	20	21	22	23
24	25	26	27	28	29	30
31						

NOTE TO SELF

23 WEDNESDAY	24 THURSDAY	25 FRIDAY	26 SATURDAY
			27 SUNDAY
			DOODLES

December 2020

DECEMBER 2020

S	M	T	W	T	F	S
		1	2	3	4	5
6	7	8	9	10	11	12
13	14	15	16	17	18	19
20	21	22	23	24	25	26
27	28	29	30	31		

JANUARY 2021

S	M	T	W	T	F	S
					1	2
3	4	5	6	7	8	9
10	11	12	13	14	15	16
17	18	19	20	21	22	23
24	25	26	27	28	29	30
31						

NOTE TO SELF

CLASS SUBJECTS	28 MONDAY	29 TUESDAY

30 WEDNESDAY	31 THURSDAY	1 FRIDAY	2 SATURDAY
			3 SUNDAY
			DOODLES

January
2021

NOTE TO SELF

SUNDAY	MONDAY	TUESDAY
3	4	5
10	11	12
17	18	19
24	25	26
31		

WEDNESDAY	THURSDAY	FRIDAY	SATURDAY
		1 New Year's Day	2
6	7	8	9
13	14	15	16
20	21	22	23
27	28	29	30

January 2021

JANUARY 2021

S	M	T	W	T	F	S
					1	2
3	4	5	6	7	8	9
10	11	12	13	14	15	16
17	18	19	20	21	22	23
24	25	26	27	28	29	30
31						

FEBRUARY 2021

S	M	T	W	T	F	S
	1	2	3	4	5	6
7	8	9	10	11	12	13
14	15	16	17	18	19	20
21	22	23	24	25	26	27
28						

NOTE TO SELF

CLASS SUBJECTS	4 MONDAY	5 TUESDAY

6 WEDNESDAY	7 THURSDAY	8 FRIDAY	9 SATURDAY
			10 SUNDAY
			DOODLES

January
2021

JANUARY 2021

S	M	T	W	T	F	S
					1	2
3	4	5	6	7	8	9
10	11	12	13	14	15	16
17	18	19	20	21	22	23
24	25	26	27	28	29	30
31						

FEBRUARY 2021

S	M	T	W	T	F	S
	1	2	3	4	5	6
7	8	9	10	11	12	13
14	15	16	17	18	19	20
21	22	23	24	25	26	27
28						

NOTE TO SELF

CLASS SUBJECTS	11 MONDAY	12 TUESDAY

13 WEDNESDAY	14 THURSDAY	15 FRIDAY	16 SATURDAY
			17 SUNDAY
			DOODLES

January
2021

JANUARY 2021

S	M	T	W	T	F	S
					1	2
3	4	5	6	7	8	9
10	11	12	13	14	15	16
17	18	19	20	21	22	23
24	25	26	27	28	29	30
31						

FEBRUARY 2021

S	M	T	W	T	F	S
	1	2	3	4	5	6
7	8	9	10	11	12	13
14	15	16	17	18	19	20
21	22	23	24	25	26	27
28						

NOTE TO SELF

CLASS SUBJECTS	18 MONDAY	19 TUESDAY

20 WEDNESDAY	21 THURSDAY	22 FRIDAY	23 SATURDAY

24 SUNDAY

DOODLES

January
2021

JANUARY 2021

S	M	T	W	T	F	S
					1	2
3	4	5	6	7	8	9
10	11	12	13	14	15	16
17	18	19	20	21	22	23
24	25	26	27	28	29	30
31						

FEBRUARY 2021

S	M	T	W	T	F	S
	1	2	3	4	5	6
7	8	9	10	11	12	13
14	15	16	17	18	19	20
21	22	23	24	25	26	27
28						

NOTE TO SELF

CLASS SUBJECTS	25 MONDAY	26 TUESDAY

27 WEDNESDAY	28 THURSDAY	29 FRIDAY	30 SATURDAY
			31 SUNDAY
			DOODLES

February
2021

NOTE TO SELF

SUNDAY	MONDAY	TUESDAY
	1	2 Groundhog Day
7	8	9
14 Valentine's Day	15	16
21	22 Washington's Birthday	23
28		

WEDNESDAY	THURSDAY	FRIDAY	SATURDAY
3	4	5	6
10	11	12 Lincoln's Birthday	13
17	18	19	20
24	25	26	27

February
2021

FEBRUARY 2021

S	M	T	W	T	F	S
	1	2	3	4	5	6
7	8	9	10	11	12	13
14	15	16	17	18	19	20
21	22	23	24	25	26	27
28						

MARCH 2021

S	M	T	W	T	F	S
	1	2	3	4	5	6
7	8	9	10	11	12	13
14	15	16	17	18	19	20
21	22	23	24	25	26	27
28	29	30	31			

NOTE TO SELF

CLASS SUBJECTS	1 MONDAY	2 TUESDAY

3 WEDNESDAY	4 THURSDAY	5 FRIDAY	6 SATURDAY
			7 SUNDAY
			DOODLES

February
2021

FEBRUARY 2021

S	M	T	W	T	F	S
	1	2	3	4	5	6
7	8	9	10	11	12	13
14	15	16	17	18	19	20
21	22	23	24	25	26	27
28						

MARCH 2021

S	M	T	W	T	F	S
	1	2	3	4	5	6
7	8	9	10	11	12	13
14	15	16	17	18	19	20
21	22	23	24	25	26	27
28	29	30	31			

NOTE TO SELF

CLASS SUBJECTS	8 MONDAY	9 TUESDAY

10 WEDNESDAY	11 THURSDAY	12 FRIDAY	13 SATURDAY
			14 SUNDAY
			DOODLES

February
2021

CLASS SUBJECTS	15 MONDAY	16 TUESDAY

FEBRUARY 2021

S	M	T	W	T	F	S
	1	2	3	4	5	6
7	8	9	10	11	12	13
14	15	16	17	18	19	20
21	22	23	24	25	26	27
28						

MARCH 2021

S	M	T	W	T	F	S
	1	2	3	4	5	6
7	8	9	10	11	12	13
14	15	16	17	18	19	20
21	22	23	24	25	26	27
28	29	30	31			

NOTE TO SELF

17 WEDNESDAY	18 THURSDAY	19 FRIDAY	20 SATURDAY
			21 SUNDAY
			DOODLES

February 2021

FEBRUARY 2021

S	M	T	W	T	F	S
	1	2	3	4	5	6
7	8	9	10	11	12	13
14	15	16	17	18	19	20
21	22	23	24	25	26	27
28						

MARCH 2021

S	M	T	W	T	F	S
	1	2	3	4	5	6
7	8	9	10	11	12	13
14	15	16	17	18	19	20
21	22	23	24	25	26	27
28	29	30	31			

NOTE TO SELF

CLASS SUBJECTS	22 MONDAY	23 TUESDAY

24 WEDNESDAY	25 THURSDAY	26 FRIDAY	27 SATURDAY
			28 SUNDAY
			DOODLES

March
2021

NOTE TO SELF

SUNDAY	MONDAY	TUESDAY
	1	2
7	8	9
14	15	16
21	22	23
28	29	30

WEDNESDAY	THURSDAY	FRIDAY	SATURDAY
3	4	5	6
10	11	12	13
17	18	19	20 First Day of Spring
24	25	26	27
31			

March
2021

MARCH 2021

S	M	T	W	T	F	S
	1	2	3	4	5	6
7	8	9	10	11	12	13
14	15	16	17	18	19	20
21	22	23	24	25	26	27
28	29	30	31			

APRIL 2021

S	M	T	W	T	F	S
				1	2	3
4	5	6	7	8	9	10
11	12	13	14	15	16	17
18	19	20	21	22	23	24
25	26	27	28	29	30	

NOTE TO SELF

CLASS SUBJECTS	1 MONDAY	2 TUESDAY

3 WEDNESDAY	4 THURSDAY	5 FRIDAY	6 SATURDAY
			7 SUNDAY
			DOODLES

March
2021

MARCH 2021						
S	M	T	W	T	F	S
	1	2	3	4	5	6
7	8	9	10	11	12	13
14	15	16	17	18	19	20
21	22	23	24	25	26	27
28	29	30	31			

APRIL 2021						
S	M	T	W	T	F	S
				1	2	3
4	5	6	7	8	9	10
11	12	13	14	15	16	17
18	19	20	21	22	23	24
25	26	27	28	29	30	

NOTE TO SELF

CLASS SUBJECTS	8 MONDAY	9 TUESDAY

10 WEDNESDAY	11 THURSDAY	12 FRIDAY	13 SATURDAY
			14 SUNDAY
			DOODLES

March 2021

MARCH 2021

S	M	T	W	T	F	S
	1	2	3	4	5	6
7	8	9	10	11	12	13
14	15	16	17	18	19	20
21	22	23	24	25	26	27
28	29	30	31			

APRIL 2021

S	M	T	W	T	F	S
				1	2	3
4	5	6	7	8	9	10
11	12	13	14	15	16	17
18	19	20	21	22	23	24
25	26	27	28	29	30	

NOTE TO SELF

CLASS SUBJECTS	15 MONDAY	16 TUESDAY

17 WEDNESDAY	18 THURSDAY	19 FRIDAY	20 SATURDAY
			21 SUNDAY
			DOODLES

March
2021

MARCH 2021

S	M	T	W	T	F	S
	1	2	3	4	5	6
7	8	9	10	11	12	13
14	15	16	17	18	19	20
21	22	23	24	25	26	27
28	29	30	31			

APRIL 2021

S	M	T	W	T	F	S
				1	2	3
4	5	6	7	8	9	10
11	12	13	14	15	16	17
18	19	20	21	22	23	24
25	26	27	28	29	30	

NOTE TO SELF

CLASS SUBJECTS	22 MONDAY	23 TUESDAY

24 WEDNESDAY	25 THURSDAY	26 FRIDAY	27 SATURDAY
			28 SUNDAY
			DOODLES

April
2021

NOTE TO SELF

SUNDAY	MONDAY	TUESDAY
4	5	6
11	12	13
18	19	20
25	26	27

WEDNESDAY	THURSDAY	FRIDAY	SATURDAY
	1 April Fool's Day	2	3
7	8	9	10
14	15	16	17
21	22	23	24
28	29	30	

April 2021

APRIL 2021

S	M	T	W	T	F	S
				1	2	3
4	5	6	7	8	9	10
11	12	13	14	15	16	17
18	19	20	21	22	23	24
25	26	27	28	29	30	

MAY 2021

S	M	T	W	T	F	S
						1
2	3	4	5	6	7	8
9	10	11	12	13	14	15
16	17	18	19	20	21	22
23	24	25	26	27	28	29
30	31					

NOTE TO SELF

CLASS SUBJECTS	29 MONDAY	30 TUESDAY

31 WEDNESDAY	1 THURSDAY	2 FRIDAY	3 SATURDAY
			4 SUNDAY
			DOODLES

April 2021

APRIL 2021

S	M	T	W	T	F	S
				1	2	3
4	5	6	7	8	9	10
11	12	13	14	15	16	17
18	19	20	21	22	23	24
25	26	27	28	29	30	

MAY 2021

S	M	T	W	T	F	S
						1
2	3	4	5	6	7	8
9	10	11	12	13	14	15
16	17	18	19	20	21	22
23	24	25	26	27	28	29
30	31					

NOTE TO SELF

CLASS SUBJECTS	5 MONDAY	6 TUESDAY

7 WEDNESDAY	8 THURSDAY	9 FRIDAY	10 SATURDAY
			11 SUNDAY
			DOODLES

April
2021

APRIL 2021

S	M	T	W	T	F	S
				1	2	3
4	5	6	7	8	9	10
11	12	13	14	15	16	17
18	19	20	21	22	23	24
25	26	27	28	29	30	

MAY 2021

S	M	T	W	T	F	S
						1
2	3	4	5	6	7	8
9	10	11	12	13	14	15
16	17	18	19	20	21	22
23	24	25	26	27	28	29
30	31					

NOTE TO SELF

CLASS SUBJECTS	12 MONDAY	13 TUESDAY

14 WEDNESDAY	15 THURSDAY	16 FRIDAY	17 SATURDAY

18 SUNDAY

DOODLES

April
2021

APRIL 2021						
S	M	T	W	T	F	S
				1	2	3
4	5	6	7	8	9	10
11	12	13	14	15	16	17
18	19	20	21	22	23	24
25	26	27	28	29	30	

MAY 2021						
S	M	T	W	T	F	S
						1
2	3	4	5	6	7	8
9	10	11	12	13	14	15
16	17	18	19	20	21	22
23	24	25	26	27	28	29
30	31					

NOTE TO SELF

CLASS SUBJECTS	19 MONDAY	20 TUESDAY

21 WEDNESDAY	22 THURSDAY	23 FRIDAY	24 SATURDAY
			25 SUNDAY
			DOODLES

April
2021

APRIL 2021

S	M	T	W	T	F	S
				1	2	3
4	5	6	7	8	9	10
11	12	13	14	15	16	17
18	19	20	21	22	23	24
25	26	27	28	29	30	

MAY 2021

S	M	T	W	T	F	S
						1
2	3	4	5	6	7	8
9	10	11	12	13	14	15
16	17	18	19	20	21	22
23	24	25	26	27	28	29
30	31					

NOTE TO SELF

CLASS SUBJECTS	26 MONDAY	27 TUESDAY

28 WEDNESDAY

29 THURSDAY

30 FRIDAY

1 SATURDAY

2 SUNDAY

DOODLES

May
2021

NOTE TO SELF

SUNDAY	MONDAY	TUESDAY
2	3	4
9	10	11
16	17	18
23	24	25
30	31	

WEDNESDAY	THURSDAY	FRIDAY	SATURDAY
			1
5 Cinco De Mayo	6	7	8
12	13	14	15
19	20	21	22
26	27	28	29

May
2021

MAY 2021

S	M	T	W	T	F	S
						1
2	3	4	5	6	7	8
9	10	11	12	13	14	15
16	17	18	19	20	21	22
23	24	25	26	27	28	29
30	31					

JUNE 2021

S	M	T	W	T	F	S
		1	2	3	4	5
6	7	8	9	10	11	12
13	14	15	16	17	18	19
20	21	22	23	24	25	26
27	28	29	30			

NOTE TO SELF

CLASS SUBJECTS	3 MONDAY	4 TUESDAY

5 WEDNESDAY	6 THURSDAY	7 FRIDAY	8 SATURDAY
			9 SUNDAY
			DOODLES

May
2021

MAY 2021

S	M	T	W	T	F	S
						1
2	3	4	5	6	7	8
9	10	11	12	13	14	15
16	17	18	19	20	21	22
23	24	25	26	27	28	29
30	31					

JUNE 2021

S	M	T	W	T	F	S
		1	2	3	4	5
6	7	8	9	10	11	12
13	14	15	16	17	18	19
20	21	22	23	24	25	26
27	28	29	30			

NOTE TO SELF

CLASS SUBJECTS	10 MONDAY	11 TUESDAY

12 WEDNESDAY	13 THURSDAY	14 FRIDAY	15 SATURDAY
			16 SUNDAY
			DOODLES

May 2021

MAY 2021						
S	M	T	W	T	F	S
						1
2	3	4	5	6	7	8
9	10	11	12	13	14	15
16	17	18	19	20	21	22
23	24	25	26	27	28	29
30	31					

JUNE 2021						
S	M	T	W	T	F	S
		1	2	3	4	5
6	7	8	9	10	11	12
13	14	15	16	17	18	19
20	21	22	23	24	25	26
27	28	29	30			

NOTE TO SELF

CLASS SUBJECTS	17 MONDAY	18 TUESDAY

19 WEDNESDAY	20 THURSDAY	21 FRIDAY	22 SATURDAY
			23 SUNDAY
			DOODLES

May
2021

MAY 2021

S	M	T	W	T	F	S
						1
2	3	4	5	6	7	8
9	10	11	12	13	14	15
16	17	18	19	20	21	22
23	24	25	26	27	28	29
30	31					

JUNE 2021

S	M	T	W	T	F	S
		1	2	3	4	5
6	7	8	9	10	11	12
13	14	15	16	17	18	19
20	21	22	23	24	25	26
27	28	29	30			

NOTE TO SELF

CLASS SUBJECTS	24 MONDAY	25 TUESDAY

26 WEDNESDAY	27 THURSDAY	28 FRIDAY	29 SATURDAY
			30 SUNDAY
			DOODLES

June
2021

NOTE TO SELF

SUNDAY	MONDAY	TUESDAY
		1
6	7	8
13	14	15
20	21	22
27	28	29

WEDNESDAY	THURSDAY	FRIDAY	SATURDAY
2	3	4	5
9	10	11	12
16	17	18	19
23	24	25	26
30			

June 2021

JUNE 2021

S	M	T	W	T	F	S
		1	2	3	4	5
6	7	8	9	10	11	12
13	14	15	16	17	18	19
20	21	22	23	24	25	26
27	28	29	30			

JULY 2021

S	M	T	W	T	F	S
				1	2	3
4	5	6	7	8	9	10
11	12	13	14	15	16	17
18	19	20	21	22	23	24
25	26	27	28	29	30	31

NOTE TO SELF

CLASS SUBJECTS	31 MONDAY	1 TUESDAY

2 WEDNESDAY	3 THURSDAY	4 FRIDAY	5 SATURDAY

6 SUNDAY

DOODLES

June 2021

CLASS SUBJECTS	7 MONDAY	8 TUESDAY

JUNE 2021

S	M	T	W	T	F	S
		1	2	3	4	5
6	7	8	9	10	11	12
13	14	15	16	17	18	19
20	21	22	23	24	25	26
27	28	29	30			

JULY 2021

S	M	T	W	T	F	S
				1	2	3
4	5	6	7	8	9	10
11	12	13	14	15	16	17
18	19	20	21	22	23	24
25	26	27	28	29	30	31

NOTE TO SELF

9 WEDNESDAY	10 THURSDAY	11 FRIDAY	12 SATURDAY
			13 SUNDAY
			DOODLES

June
2021

JUNE 2021

S	M	T	W	T	F	S
		1	2	3	4	5
6	7	8	9	10	11	12
13	14	15	16	17	18	19
20	21	22	23	24	25	26
27	28	29	30			

JULY 2021

S	M	T	W	T	F	S
				1	2	3
4	5	6	7	8	9	10
11	12	13	14	15	16	17
18	19	20	21	22	23	24
25	26	27	28	29	30	31

NOTE TO SELF

CLASS SUBJECTS	14 MONDAY	15 TUESDAY

16 WEDNESDAY	17 THURSDAY	18 FRIDAY	19 SATURDAY
			20 SUNDAY
			DOODLES

June
2021

JUNE 2021

S	M	T	W	T	F	S
		1	2	3	4	5
6	7	8	9	10	11	12
13	14	15	16	17	18	19
20	21	22	23	24	25	26
27	28	29	30			

JULY 2021

S	M	T	W	T	F	S
				1	2	3
4	5	6	7	8	9	10
11	12	13	14	15	16	17
18	19	20	21	22	23	24
25	26	27	28	29	30	31

NOTE TO SELF

CLASS SUBJECTS	21 MONDAY	22 TUESDAY

23 WEDNESDAY	24 THURSDAY	25 FRIDAY	26 SATURDAY
			27 SUNDAY
			DOODLES

July
2021

NOTE TO SELF

SUNDAY	MONDAY	TUESDAY
4 Independence Day	5	6
11	12	13
18	19	20
25	26	27

WEDNESDAY	THURSDAY	FRIDAY	SATURDAY
	1	2	3
7	8	9	10
14	15	16	17
21	22	23	24
28	29	30	31

July
2021

JULY 2021

S	M	T	W	T	F	S
				1	2	3
4	5	6	7	8	9	10
11	12	13	14	15	16	17
18	19	20	21	22	23	24
25	26	27	28	29	30	31

AUGUST 2021

S	M	T	W	T	F	S
1	2	3	4	5	6	7
8	9	10	11	12	13	14
15	16	17	18	19	20	21
22	23	24	25	26	27	28
29	30	31				

NOTE TO SELF

CLASS SUBJECTS	28 MONDAY	29 TUESDAY

30 WEDNESDAY	1 THURSDAY	2 FRIDAY	3 SATURDAY

4 SUNDAY

DOODLES

July
2021

JULY 2021

S	M	T	W	T	F	S
				1	2	3
4	5	6	7	8	9	10
11	12	13	14	15	16	17
18	19	20	21	22	23	24
25	26	27	28	29	30	31

AUGUST 2021

S	M	T	W	T	F	S
1	2	3	4	5	6	7
8	9	10	11	12	13	14
15	16	17	18	19	20	21
22	23	24	25	26	27	28
29	30	31				

NOTE TO SELF

CLASS SUBJECTS	5 MONDAY	6 TUESDAY

7 WEDNESDAY	8 THURSDAY	9 FRIDAY	10 SATURDAY

11 SUNDAY

DOODLES

July
2021

JULY 2021						
S	M	T	W	T	F	S
				1	2	3
4	5	6	7	8	9	10
11	12	13	14	15	16	17
18	19	20	21	22	23	24
25	26	27	28	29	30	31

AUGUST 2021						
S	M	T	W	T	F	S
1	2	3	4	5	6	7
8	9	10	11	12	13	14
15	16	17	18	19	20	21
22	23	24	25	26	27	28
29	30	31				

NOTE TO SELF

CLASS SUBJECTS	12 MONDAY	13 TUESDAY

14 WEDNESDAY	15 THURSDAY	16 FRIDAY	17 SATURDAY

18 SUNDAY

DOODLES

July
2021

JULY 2021

S	M	T	W	T	F	S
				1	2	3
4	5	6	7	8	9	10
11	12	13	14	15	16	17
18	19	20	21	22	23	24
25	26	27	28	29	30	31

AUGUST 2021

S	M	T	W	T	F	S
1	2	3	4	5	6	7
8	9	10	11	12	13	14
15	16	17	18	19	20	21
22	23	24	25	26	27	28
29	30	31				

NOTE TO SELF

CLASS SUBJECTS	19 MONDAY	20 TUESDAY

21 WEDNESDAY	22 THURSDAY	23 FRIDAY	24 SATURDAY
			25 SUNDAY
			DOODLES

July 2021

JULY 2021						
S	M	T	W	T	F	S
				1	2	3
4	5	6	7	8	9	10
11	12	13	14	15	16	17
18	19	20	21	22	23	24
25	26	27	28	29	30	31

AUGUST 2021						
S	M	T	W	T	F	S
1	2	3	4	5	6	7
8	9	10	11	12	13	14
15	16	17	18	19	20	21
22	23	24	25	26	27	28
29	30	31				

NOTE TO SELF

CLASS SUBJECTS	26 MONDAY	27 TUESDAY

28 WEDNESDAY	29 THURSDAY	30 FRIDAY	31 SATURDAY
			1 SUNDAY
			DOODLES

August
2021

NOTE TO SELF

SUNDAY	MONDAY	TUESDAY
1	2	3
8	9	10
15	16	17
22	23	24
29	30	31

WEDNESDAY	THURSDAY	FRIDAY	SATURDAY
4	5	6	7
11	12	13	14
18	19	20	21
25	26	27	28

August 2021

CLASS SUBJECTS	2 MONDAY	3 TUESDAY

AUGUST 2021

S	M	T	W	T	F	S
1	2	3	4	5	6	7
8	9	10	11	12	13	14
15	16	17	18	19	20	21
22	23	24	25	26	27	28
29	30	31				

SEPTEMBER 2021

S	M	T	W	T	F	S
			1	2	3	4
5	6	7	8	9	10	11
12	13	14	15	16	17	18
19	20	21	22	23	24	25
26	27	28	29	30		

NOTE TO SELF

4 WEDNESDAY	5 THURSDAY	6 FRIDAY	7 SATURDAY

8 SUNDAY

DOODLES

August
2021

AUGUST 2021

S	M	T	W	T	F	S
1	2	3	4	5	6	7
8	9	10	11	12	13	14
15	16	17	18	19	20	21
22	23	24	25	26	27	28
29	30	31				

SEPTEMBER 2021

S	M	T	W	T	F	S
			1	2	3	4
5	6	7	8	9	10	11
12	13	14	15	16	17	18
19	20	21	22	23	24	25
26	27	28	29	30		

NOTE TO SELF

CLASS SUBJECTS	9 MONDAY	10 TUESDAY

11 WEDNESDAY	12 THURSDAY	13 FRIDAY	14 SATURDAY
			15 SUNDAY
			DOODLES

August 2021

CLASS SUBJECTS	16 MONDAY	17 TUESDAY

AUGUST 2021

S	M	T	W	T	F	S
1	2	3	4	5	6	7
8	9	10	11	12	13	14
15	16	17	18	19	20	21
22	23	24	25	26	27	28
29	30	31				

SEPTEMBER 2021

S	M	T	W	T	F	S
			1	2	3	4
5	6	7	8	9	10	11
12	13	14	15	16	17	18
19	20	21	22	23	24	25
26	27	28	29	30		

NOTE TO SELF

18 WEDNESDAY	19 THURSDAY	20 FRIDAY	21 SATURDAY
			22 SUNDAY
			DOODLES

August 2021

CLASS SUBJECTS	23 MONDAY	24 TUESDAY

AUGUST 2021

S	M	T	W	T	F	S
1	2	3	4	5	6	7
8	9	10	11	12	13	14
15	16	17	18	19	20	21
22	23	24	25	26	27	28
29	30	31				

SEPTEMBER 2021

S	M	T	W	T	F	S
			1	2	3	4
5	6	7	8	9	10	11
12	13	14	15	16	17	18
19	20	21	22	23	24	25
26	27	28	29	30		

NOTE TO SELF

25 WEDNESDAY	26 THURSDAY	27 FRIDAY	28 SATURDAY
			29 SUNDAY
			DOODLES

August 2021

CLASS SUBJECTS	30 MONDAY	31 TUESDAY

AUGUST 2021

S	M	T	W	T	F	S
1	2	3	4	5	6	7
8	9	10	11	12	13	14
15	16	17	18	19	20	21
22	23	24	25	26	27	28
29	30	31				

SEPTEMBER 2021

S	M	T	W	T	F	S
			1	2	3	4
5	6	7	8	9	10	11
12	13	14	15	16	17	18
19	20	21	22	23	24	25
26	27	28	29	30		

NOTE TO SELF

1 WEDNESDAY	2 THURSDAY	3 FRIDAY	4 SATURDAY
			5 SUNDAY
			DOODLES

Notes, Lists, Ideas

Notes, Lists, Ideas

Notes, Lists, Ideas

Notes, Lists, Ideas

Notes, Lists, Ideas

Notes, Lists, Ideas

Notes, Lists, Ideas

Notes, Lists, Ideas

Notes, Lists, Ideas

Notes, Lists, Ideas

Notes, Lists, Ideas

Notes, Lists, Ideas

Notes, Lists, Ideas

Notes, Lists, Ideas

Contacts

NAME	NUMBER	EMAIL

Class Schedules

Fall Semester

CLASS	DAY	ROOM	BLDG
1.			
2.			
3.			
4.			
5.			
6.			
7.			

Winter Semester

CLASS	DAY	ROOM	BLDG
1.			
2.			
3.			
4.			
5.			
6.			
7.			

Spring/Summer Semester

CLASS	DAY	ROOM	BLDG
1.			
2.			
3.			
4.			
5.			
6.			
7.			

2020 - 2021 Academic Year

NOTE TO SELF
ACADEMIC GOALS

AUGUST 2020

S	M	T	W	T	F	S
						1
2	3	4	5	6	7	8
9	10	11	12	13	14	15
16	17	18	19	20	21	22
23	24	25	26	27	28	29
30	31					

SEPTEMBER 2020

S	M	T	W	T	F	S
		1	2	3	4	5
6	7	8	9	10	11	12
13	14	15	16	17	18	19
20	21	22	23	24	25	26
27	28	29	30			

OCTOBER 2020

S	M	T	W	T	F	S
				1	2	3
4	5	6	7	8	9	10
11	12	13	14	15	16	17
18	19	20	21	22	23	24
25	26	27	28	29	30	31

NOVEMBER 2020

S	M	T	W	T	F	S
1	2	3	4	5	6	7
8	9	10	11	12	13	14
15	16	17	18	19	20	21
22	23	24	25	26	27	28
29	30					

DECEMBER 2020

S	M	T	W	T	F	S
		1	2	3	4	5
6	7	8	9	10	11	12
13	14	15	16	17	18	19
20	21	22	23	24	25	26
27	28	29	30	31		

JANUARY 2021

S	M	T	W	T	F	S
					1	2
3	4	5	6	7	8	9
10	11	12	13	14	15	16
17	18	19	20	21	22	23
24	25	26	27	28	29	30
31						

FEBRUARY 2021

S	M	T	W	T	F	S
	1	2	3	4	5	6
7	8	9	10	11	12	13
14	15	16	17	18	19	20
21	22	23	24	25	26	27
28						

MARCH 2021

S	M	T	W	T	F	S
	1	2	3	4	5	6
7	8	9	10	11	12	13
14	15	16	17	18	19	20
21	22	23	24	25	26	27
28	29	30	31			

APRIL 2021

S	M	T	W	T	F	S
				1	2	3
4	5	6	7	8	9	10
11	12	13	14	15	16	17
18	19	20	21	22	23	24
25	26	27	28	29	30	

MAY 2021

S	M	T	W	T	F	S
						1
2	3	4	5	6	7	8
9	10	11	12	13	14	15
16	17	18	19	20	21	22
23	24	25	26	27	28	29
30	31					

JUNE 2021

S	M	T	W	T	F	S
		1	2	3	4	5
6	7	8	9	10	11	12
13	14	15	16	17	18	19
20	21	22	23	24	25	26
27	28	29	30			

JULY 2021

S	M	T	W	T	F	S
				1	2	3
4	5	6	7	8	9	10
11	12	13	14	15	16	17
18	19	20	21	22	23	24
25	26	27	28	29	30	31

AUGUST 2021

S	M	T	W	T	F	S
1	2	3	4	5	6	7
8	9	10	11	12	13	14
15	16	17	18	19	20	21
22	23	24	25	26	27	28
29	30	31				

DOODLES

Made in the USA
Coppell, TX
16 August 2020

32947225R10090